Für meinen Bruder Murat.

1. Auflage
© TALISA Kinderbuch-Verlag, Langenhagen 2011

Alle Rechte vorbehalten.

Desktop Publishing, Projektleitung: Aylin Keller
Gesamtherstellung: Druckkollektiv GmbH, Gießen

Printed in Germany

www.talisa-verlag.de
ISBN 978-3-939619-18-5

ARZU GÜRZ ABAY

Leyla und Linda feiern Ramadan

Mit Illustrationen von
SİBEL DEMİRTAŞ

TALISA
KINDERBUCH-VERLAG

Es ist Sommer und Leyla freut sich, ihre Großeltern, Tanten, Onkel, Cousins und Cousinen in der türkischen Hafenstadt Ayvalik zu besuchen.

Jedes Jahr reisen Leyla und ihre Eltern für ihren Sommerurlaub in die Türkei.

Leyla fühlt sich in Ayvalik wohl.

Sie hat viele Freundschaften mit den Nachbarskindern geschlossen und geht jede Woche mit ihrer Mutter zum Wochenmarkt. Hier gibt es frisches Obst und Gemüse, Töpfe und Pfannen, Kleidung und Strümpfe, Decken und Sandalen zu kaufen.

Es ist immer kunterbunt und sehr lebhaft.

An den meisten Nachmittagen spielt Leyla gerne am Strand. Am Abend geht sie mit ihrer Familie oft an der Strandpromenade spazieren, wo sie ein Eis essen und mit den Straßenkatzen spielen kann.

Dieses Jahr war manches aber anders.
Alle in Leylas Familie sind sehr aufgeregt. Nicht nur weil sie sich wiedersehen werden, sondern weil ihre Reise dieses Mal zu einer besonderen Zeit, im Monat Ramadan, stattfinden wird.

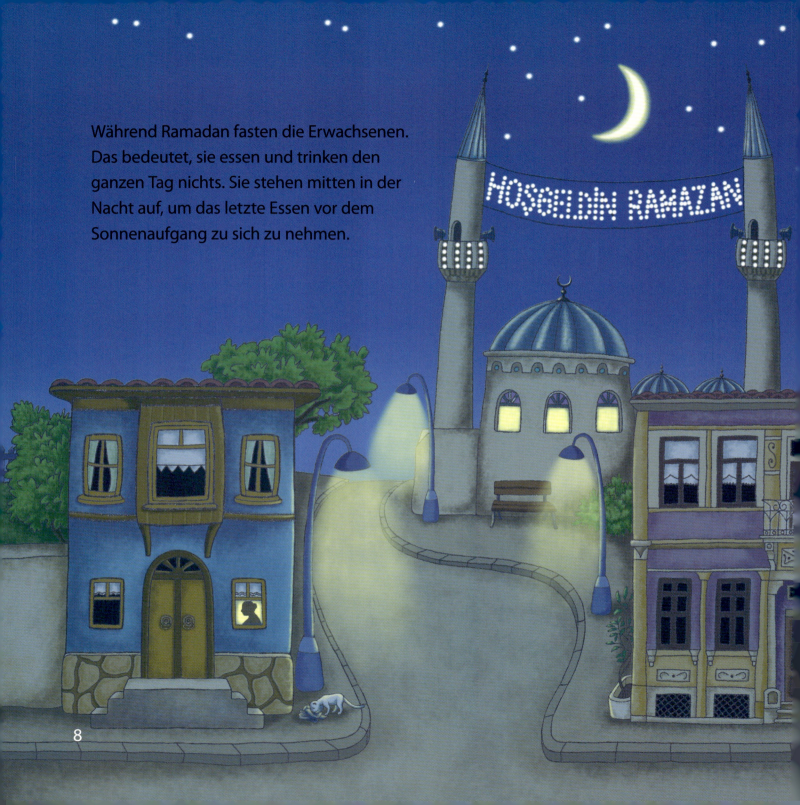
Während Ramadan fasten die Erwachsenen. Das bedeutet, sie essen und trinken den ganzen Tag nichts. Sie stehen mitten in der Nacht auf, um das letzte Essen vor dem Sonnenaufgang zu sich zu nehmen.

Fasten ist eine wichtige Regel im Islam, die viele Muslime befolgen.
So kann man an seinem eigenen Körper erleben, wie es für sehr arme Menschen ist, eine lange Zeit nichts zu essen und zu trinken.

Leyla fastet noch nicht wie die Erwachsenen, weil sie ein Kind ist.
Das hält sie aber nicht vom Aufstehen ab. Denn etwas Spannendes passiert.
Es ist eine alte Tradition, während der Ramadanzeit in der Nacht von einem Trommler geweckt zu werden.
In alten Zeiten gab es schließlich keinen Wecker. Mit dem lauten Tamtam der Schlegel und zwischen den fröhlichen Melodien singt der Trommler Reime, die er von seinen Vorfahren gelernt hat:

Am Abend zuvor wollte ich Reis kochen,
so sieht man am Magen nicht die Rippenknochen,
mit den Dichtern wollte ich mich messen,
aber leider habe ich mein Heftchen vergessen!

Etwas verschlafen, aber sehr aufgeregt, schaut Leyla dem Trommler aus dem Fenster zu. Sie genießt es, die lustigen Gedichte und die Trommel in der Nacht zu hören. Nachdem alle wach geworden sind, trifft sich die ganze Familie dann in Pyjamas in der Küche zum Essen.

Leylas Opa Halim amüsiert alle am Tisch mit seinen Geschichten aus der Jugend. Es wird gegessen, getrunken und gelacht, bis vor dem Morgengrauen die Fastenzeit beginnt.

Leyla denkt an Ihre beste Freundin Linda.
Beide gehen in Deutschland in den gleichen Kindergarten und besuchen auch den gleichen Tanzkurs. Sie spielen oft zusammen und die Mütter verstehen sich gut.
Dieses Jahr hatte Lindas Mutter eine Reise auf die griechische Insel Lesbos gebucht.

Leylas Mutter erzählte ihr, dass Ayvalik und die Insel Lesbos so nah zusammen liegen wie Köln und Düsseldorf, nur dass dazwischen nicht eine Autobahn ist, sondern das Meer.
Es gibt sogar eine Fähre zwischen den beiden Orten.
Leyla und Linda haben einander versprochen sich im Urlaub zu treffen.

Am Hafen sagt Leyla, „Papa, beeil dich! Die Fähre ist gleich da!" und schon rennt sie hastig zur Barriere. „Papa, ich sehe das Schiff!" ruft sie und schwenkt ihre Hände in der Luft.

Nach einigen Minuten ist auch Linda mit Ihrer Mutter zu sehen. „Endlich bist du da, Linda! Wie war die Reise auf der Fähre?"

Herzlich umarmen sich die beiden Mädchen.
„Es war eine sehr schöne Fahrt, Leyla! Auf der Fähre gab es frisch gebrühten schwarzen Tee und warme Sesamkringel. Von meinem Sesamkringel habe ich kleine Stückchen für die Möwen ins Meer geworfen."

Nach der Rückfahrt springt Leyla zur Haustür und klingelt aufgeregt.
Leylas Mutter steht prompt auf der Schwelle und umarmt die Gäste:
„Herzlich willkommen!
Kommt, lasst euch mal richtig drücken!"

Die Mädchen gehen in Leylas Zimmer und die Mütter setzen sich gemütlich ins Wohnzimmer zu Leylas Großeltern. Es ist der letzte Tag des Ramadan. Am Abend beginnt das Ende der Fastenzeit für Leylas Familie.

Am frühen Abend hört man den Ezan, also den Gebetsruf. Linda schaut aus dem Fenster und sieht eine Moschee mit Lichterketten. „Was ist denn da los?" fragt sie neugierig.

Da erklärt der Opa Halim:
„Es ist der Gebetsrufer,
oder Müezzin genannt.
Er ruft uns Täglich fünf Mal
vom Minarett aus zum Gebet.

Nun wissen wir, dass es Zeit ist, unseren
Gebetsteppich auszurollen und zu beten."

„Das Gebet erinnert uns daran, an unseren Gott, Allah zu denken und uns bei ihm für alles zu bedanken, was unser Leben bereichert. Wir beten mit unserem Gesicht nach Mekka weisend." Linda wird wieder neugierig: „Was ist Mekka?"

Opa Halim lächelt und erklärt weiter: "Mekka ist eine Stadt in Saudi Arabien.
Es ist der Ort, wo die heilige Kaaba ist, ein Haus Gottes.
Alle Muslime auf der ganzen Welt beten in Richtung Kaaba.
So sind sie mehrmals am Tag in ihrem Gebet vereint."

Gleichzeitig mit dem Gebetsruf wird das heutige Fasten beendet.
Die Familie und die Gäste setzen sich gerade an den reich gedeckten Tisch, als Linda erschrocken einen Schrei ausstößt und mit einem Sprung fast vom Stuhl fällt:
ein lauter Kanonenschuss!

Statt eines knurrenden Magens haben jetzt alle ein lächelndes Gesicht, denn der Kanonenschuss verkündet das Ende der Fastenzeit.

Linda ist etwas verwirrt.
Aber für Leyla ist das alles normal:
„Linda, du hast leider das beste Stück verpasst!
Jede Nacht während des Ramadans geht ein
Trommler in den Straßen umher,
um uns aufzuwecken.
Er singt dazu witzige Reime und spielt
ganz laut auf seiner Trommel.
Stell dir vor, da spielt in Deutschland jemand
Trommel auf der Straße; mitten in der Nacht!"

Linda hat oft bei Leyla in Köln gegessen, daher kennt sie bereits viele Gerichte der türkischen Küche. Sie nimmt sich von den gefüllten Weinblättern, dem Börek mit Spinat und Joghurt. Es gibt auch Fladenbrot, das besonders während des Ramadans gebacken wird.

Leyla hat ihr eigenes Bett für Linda vorbereitet.
Morgen, nach dem Fastenmonat Ramadan wird Bayram, das Zuckerfest, gefeiert.
Es dauert drei Tage. An diesen Tagen gibt es besonderes zu Essen mit vielen Süßspeisen und Süßigkeiten.

Am frühen Morgen gehen Leylas Vater, Opa und Onkel
zum Bayramgebet in die Moschee. Der Andrang ist groß und die vielen Menschen
passen nicht alle in die Moschee.
Also legen viele ihre bunten Gebetsteppiche vor dem Gebetshaus aus
und beten dort.

Weil man beim Beten die Schuhe auszieht, liegen unzählige Schuhe ringsum.

An solchen Tagen muss man vorsichtig sein, sonst erwischt man nach dem Gebet das falsche Paar Schuhe, das einem gar nicht gehört!

Nach dem Moscheebesuch kehren die Männer wieder heim und alle haben die richtigen Paar Schuhe an! Alle im Haus umarmen sich, küssen sich herzlich auf die Wangen und wünschen einander ein frohes Ramadan-Fest.
Zuerst geht Leyla zu ihrem geliebten Opa, sie küsst den Handrücken ihres Opas und hebt die Hand sanft auf ihre eigene Stirn.
„Wieso machst du das?" fragt Linda, als sie das Ritual beobachtet.

„Nun ja, den älteren zeige ich so meinen Respekt." sagt Leyla.
Zu diesem besonderen Anlass gibt es dann für jedes Kind Taschengeld von Opa Halim geschenkt.
„Linda, ich bin so froh, dass du mich hier besucht hast!" sagt Leyla.

Für Linda waren die zwei Tage abenteuerlich und aufregend. Ihre Teilnahme an der Ramadan Feier erwärmte ihr Herz, denn es erinnerte sie an die Weihnachtszeit die sie mit ihrer eigenen Familie verbringt. Auf dem Rückweg zur Insel Lesbos wirft Linda wieder kleine Sesamkringelstückchen in das Meer für die Möwen und blinzelt glücklich ihrer Mutter zu.